LA GÉOGRAPHIE DES CORPS

SEPT CORPS – SEPT CHAMPS ÉNERGÉTIQUES

© 2020, A2ZL Éditions
58b rue Sainte Anne – 56270 Ploemeur
ISBN : 978-2-491621-01-8

Arouna Lipschitz

LA GÉOGRAPHIE DES CORPS

SEPT CORPS – SEPT CHAMPS ÉNERGÉTIQUES

INTRODUCTION

Être vivant, c'est avoir des sensations organiques, mais aussi des émotions. Être traversé par des pensées, mais aussi par des idées, des états d'âme, des rêves, des inspirations. Est-ce que vous percevez que toutes ces activités humaines se vivent sur des plans différents? Comme si nous avions plusieurs corps...Eh bien, ce « comme si » est une réalité : la réalité énergétique du corps.

Même si nous n'avons que le corps physique pour en rendre tangiblement compte, nous avons de fait plusieurs corps énergétiques, dits corps subtils. La tradition en a nommé six : le corps vital qui est notre corps physique, biologique, le corps astral qui correspond à tout ce qui touche aux émotions, le corps mental lié à l'intellect, le corps causal lié à la raison, à l'intelligence, le corps bouddhique qui renvoie à ce qu'on appelle communément l'âme, et le corps atmique qui renvoie à l'esprit.

Pour les traditions orientales et plus tard la science initiatique, le corps physique n'est donc que la partie visible d'énergies en mouvement qui se condensent en six corps énergétiques.

Dans un esprit de renouvellement, je rajoute un septième corps à cette géographie traditionnelle : le corps amoureux, le contenant énergétique de notre affect, ou disons, de nos purs sentiments affectueux, à différencier, comme je le ferai plus loin, de nos émotions auxquelles notre affectivité a une fâcheuse tendance à se mélanger, voire à se confondre.

À noter : dans la tradition, *Anahata chakra*, le chakra du cœur, est bien sûr présent en tant que centre d'énergie cardiaque, mais il n'apparaît pas comme « corps » au même titre que le corps astral, mental, causal, etc. Le temps n'était probablement pas venu pour donner un corps à l'énergie amoureuse ! Mais le corps amoureux n'était-il pas annoncé par le chiffre sept qui fonde les sept couleurs primordiales en peinture ou dans l'arc-en-ciel, les sept notes fondamentales en musique… et les sept chakras ?

C'est bien une palette de sept types d'énergies différentes qui compose notre gamme sensorielle personnelle.

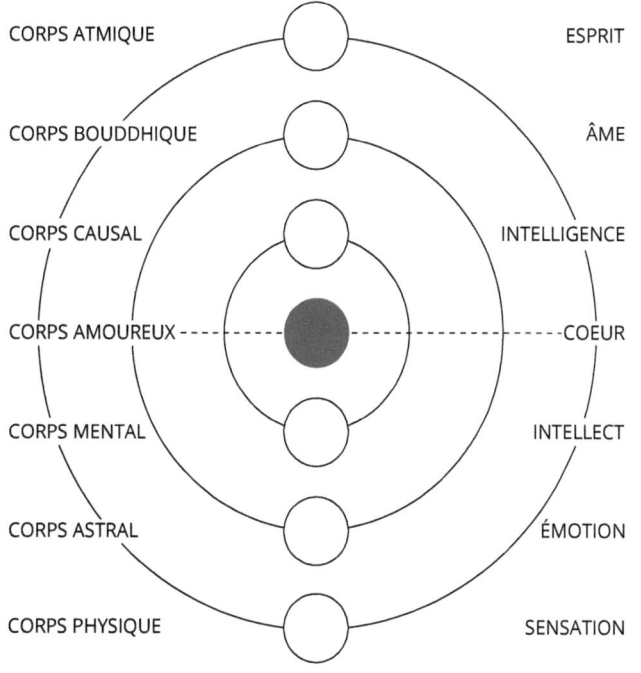

Figure 1 – Le schéma renouvelé des sept corps

Reste l'invitation que je lance aux amoureux : vous qui pensez que la relation, et la relation amoureuse en particulier, est essentielle à votre avenir et à celui de l'humanité, participez en pleine conscience à la construction de ce corps amoureux pour développer plus de puissance affective à partager avec vos proches et, au-delà, pour contribuer à une humanité plus fraternelle, plus compétente en relations harmonieuses. C'est l'enjeu de ma nouvelle géographie des corps.

Les sept champs énergétiques de nos corps ouvrent chacun à des perceptions et à des états de conscience différents générant une substance et un parfum particulier qui se manifestent en passant par le même contenant, le corps physique.

En vérité, chacun de nos corps a ses propres besoins. Des droits et des devoirs que nous devons connaître si nous voulons éviter les sacs de nœuds énergétiques qui impactent négativement notre corps physique jusqu'à le rendre malade.

Articulations raides, maux de dos, migraines etc. Notre corps physique somatise les énergies de stress et de ras-le-bol qui se manifestent dans nos différents corps. Toutes les nuances de notre mal-être sont d'abord l'expression de désaccords dans et entre nos différents corps subtils. C'est dire l'importance de bien connaître la géographie des corps, ne serait-ce que pour notre bonne santé !

Étudier les besoins de chacun de nos corps nous rend mieux à même de prendre soin de nous sur tous les plans. En les comprenant, nous apprenons à nous « alimenter » correctement dans le plan physique, émotionnel, intellectuel, mental et spirituel. Par voie de conséquence, sur le plan relationnel, notre corps amoureux devient moins dépendant des autres et moins avide ou nécessiteux d'être nourri par eux.

> *Adopter et appliquer la géographie des corps, c'est pratiquer au quotidien son yoga de la nutrition énergétique !*

NOS
DIFFÉRENTS
CORPS

LE CORPS PHYSIQUE
NOTRE CORPS ORGANIQUE

Il est fait d'organes, d'os, de sang dont la peau constitue l'enveloppe physique.

Cette peau est subtilement doublée par ce que certains appellent le corps éthérique. Il est plus exact de parler de substance éthérique, une substance éthérée, vaporeuse, qui forme autour de nous ce qu'on appelle communément l'aura. Cette substance éthérique est la résultante du tissage de nos différents corps énergétiques avec le corps physique. En ce sens, elle est la passerelle subtile entre notre monde intérieur et sa manifestation physique.

Si les énergies de nos autres corps sont l'essence de notre multi-dimensionnalité humaine, et si la substance éthérique est le contenant subtil de ces énergies, le corps physique lui, en est le véhicule jusqu'à notre dernier souffle. Et sans un véhicule en bon état, comment tenir la route ? Comment mettre de l'énergie dans le dépassement de soi quand on est malade ?

Sur le plan spirituel, honorer son corps c'est honorer la vie… et diminuer le trou de la sécurité sociale, car en prenant grand soin du véhicule qui nous est donné, on se maintient dans la meilleure santé possible.

Notre bonne santé physique est le prérequis de tout travail sur soi.

> *Prendre soin de son corps : une responsabilité physique et énergétique qui incombe à l'être humain.*

LE CORPS ASTRAL
NOTRE CORPS ÉMOTIONNEL

Le corps astral est le contenant énergétique des émotions déclenchées par notre réactivité psycho-organique : colères, tristesses, fâcheries, rancunes, angoisses, anxiétés, etc. Nous pouvons crier, taper, donner des claques, ce n'est pas le corps physique qui est en colère, c'est notre corps astral qui bouillonne.

Dans la tradition initiatique, le corps astral est lié à notre côté ombre, « l'enfer » que le héros doit traverser pour se purifier et récupérer son pouvoir personnel. C'est le V.I.T.R.I.O.L des sages : *visite l'intérieur de ta terre, en rectifiant tu découvriras la pierre cachée.*

Cette invitation au voyage intérieur nous rappelle que sur le chemin de la sagesse nous ne pouvons pas faire l'économie de la traversée de nos ombres. Pour le moins, en devenir conscient. Et si nous avons le courage de plonger dans les souffrances de notre histoire personnelle avec l'idée de rectifier ce qui les a provoquées, de cerner ce qui les nourrit encore, et avec la volonté surtout de dissoudre en chemin nos négativités et nos peurs, nous accélérons grandement notre évolution. Sans compter que ce nettoyage incontournable, lié à nos mémoires émotionnelles, décide de la qualité de nos échanges avec les autres, au sens où notre énergie astrale participe de l'humeur que nous dégageons, un «air» qui donne envie ou non aux autres de s'approcher. De là des expressions comme «je me sens bien», «je ne peux pas le sentir», «ça sent le danger».

On nous approche ou on nous fuit? Cela dépend de ce que nous dégageons au niveau astral. Si vous voulez que les autres vous approchent, il faut émaner un parfum agréable, et pour cela sortir du vampirisme énergétique[1] qui se nourrit des autres ou qui se sert d'eux comme d'une poubelle.

Notre bonne santé émotionnelle est le prérequis d'un bon vivre ensemble.

> *Purifier son corps astral: une responsabilité émotionnelle anti-pollution pour soi, les autres et notre environnement.*

---

1. James Redfield, *La Prophétie des Andes, Chapitre 8*, éd. J'ai Lu

LE CORPS MENTAL
NOTRE CORPS INTELLECTUEL

Le corps mental est le contenant de notre énergie pensante sur le plan intellectuel. Il engendre en continu ce que l'on appelle des formes-pensées dont nous n'avons pas forcément conscience car celles-ci émergent aussi bien de notre conscient que de notre inconscient. Notre intellect étant essentiellement nourri par nos héritages culturels et religieux et nos systèmes de croyance, on peut être sûr qu'on est plus souvent pensé que penseur !

Lorsque Descartes déclare son fameux « Je pense, donc je suis[2] » il souligne peut-être, à juste titre, que nous prenons conscience de nous-même lorsque nous nous positionnons intellectuellement : je pense ceci ou cela. Mais ce qu'il ne précise pas c'est que le « je » dont il parle est celui de nos identités provisoires. Ce « je », comme nos valeurs et nos croyances, change au fil de notre évolution. Nous ne pensons pas la même chose à vingt, cinquante ou quatre-vingts ans.

En ce sens, l'intellect est l'expression de l'énergie mentale limitée à ce qu'on appelle traditionnellement l'ego ou la personnalité en psychologie moderne. Comme le souligne bien l'étymologie du mot personnalité – *persona* : masque – celle-ci est

---

2. René Descartes, *Méditations métaphysiques*, éd. Garnier Flammarion

constituée de l'ensemble de nos masques, c'est à dire de nos identités provisoires, elles-mêmes soutenues par nos convictions, croyances et valeurs temporelles, et donc temporaires ! « Je pense, donc je suis », il faudrait en fait dire mon *ego*, ou ma personnalité, pense, donc je suis ce que je suis aujourd'hui.

Ceci étant dit, heureusement que nous avons un intellect pour faire la part des choses. Encore faut-il en faire bon usage.

Nous pensons pour le meilleur : la compétence à analyser, structurer, et conceptualiser. Nous pensons aussi pour le pire : ergoter, justifier, palabrer jusqu'à prendre des vessies pour des lanternes. Ainsi lorsque vous êtes sombre, voire éteint, cherchez du côté de vos croyances obscurantistes pour comprendre votre absence de lumière.

Notre bonne santé mentale est le prérequis de l'honnêteté intellectuelle.

Devenir conscient des jeux de l'ego est une responsabilité d'intellectuel qui garde toujours un point d'interrogation sur ses opinions.

LE CORPS CAUSAL
LE CORPS DE RAISON

Le corps causal est le contenant de ce que les traditions appellent le mental supérieur, la raison, l'intelligence, qu'il faut bien différencier de l'intellect, le mental inférieur. Ne connaissons-nous pas des gens intelligents qui sont loin d'être des intellectuels ? Et des intellectuels qui ne sont pas forcément intelligents !

Pour mieux saisir la différence entre intellect et intelligence, pensez au mot « cause » que l'on retrouve dans le mot « causal » : l'intelligence se mesure à la capacité de faire des liens entre causes et conséquences, d'établir des rapports cohérents entre les signifiants – signes, symboles, synchronicités – et leurs infinis signifiés possibles. L'intellect analyse, l'intelligence synthétise.

La substance du mental supérieur vérifie la cohérence de nos ruminations intellectuelles et pose des raisonnements qui tiennent debout parce qu'inscrits dans une logique rigoureuse et assis sur des repères et des références solides.

Souvenons-nous que seul, on a toujours raison ! Être intelligent, c'est ne jamais perdre de vue la logique des contraires propre à la dualité : une chose peut-être vraie, ce qui ne l'empêche pas d'être discutable, et cela vaut pour l'opinion contraire qui peut avoir, elle aussi, une part de vérité, qui reste tout aussi discutable. Fort de cette conscience du paradoxe, le dialogue avec l'autre devient plus paisible et plus fécond, moins intellectuel, plus intelligent.

Notre bonne santé causale est le prérequis de la capacité de raisonnement.

> *S'ouvrir à la pensée paradoxale : une responsabilité mentale qui évite le rapport de force et le fanatisme qui tue au nom d'opinions prises pour des vérités.*

LE CORPS BOUDDHIQUE
LE CORPS DE L'ÂME

De la même manière qu'il y a un mental supérieur et un mental inférieur, la substance émotionnelle se répartit entre les émotions inférieures du corps astral et les émotions supérieures du corps bouddhique, notre âme, pour le dire d'un terme plus accessible à notre psyché occidentale. Notez qu'il n'y a ici aucune connotation morale aux termes inférieur et supérieur. Ces termes font référence au taux vibratoire plus ou moins élevé de nos émotions.

Les émotions qui nous embrouillent, nous plombent et nous posent en victimes sont la signature du corps astral. Les émotions plus subtiles – esthétiques ou amoureuses – qui nous mettent dans des états d'âme poétiques nourris d'infini, émanent du corps bouddhique. La sensation de dilatation et la détente en sont la signature. Dans nos relations, elles développent notre compétence à être un homme ou une femme émus, c'est-à-dire un être humain au cœur humide plutôt que sec, chaleureux plutôt que froid. Socialement, ces émotions d'âme mettent notre sensibilité au diapason du meilleur de l'humain et nous rendent naturellement plus humanistes, plus compassionnels.

C'est donc à la sensation subtile d'être plus ou moins élevé humainement qu'on peut mesurer le taux vibratoire de nos émotions et parler d'émotions d'âme ou d'émotions astrales.

La bonne santé de notre âme est le prérequis de notre sensibilité humaine.

Devenir sensible sans sensiblerie et sans pathos narcissique : une responsabilité émotionnelle, garante de notre humanisme.

LE CORPS ATMIQUE
LE CORPS SPIRITUEL

Atmique, du mot « atma » qui veut dire esprit en sanskrit. Le corps atmique est le contenant de perceptions, d'éprouvements qui se vivent au plus haut taux vibratoire de notre énergie. À ce niveau, la conscience touche à un au-delà du temps et de la dualité propres à l'existence « normale ». On entre en résonance avec le sentiment d'éternité.

C'est donc le corps atmique, l'esprit, qui permet d'entrer en contact avec la transcendance, l'absolu, l'essence, certains diraient avec le divin, disons avec le mystère d'une possible divine origine qui nous dépasse et qui ne s'éprouve que dans l'éveil de conscience à la non-dualité. D'éprouvements intérieurs en élargissements de cette supra-conscience, ou conscience non-duelle, nous percevons petit à petit la différence entre la réalité existentielle et le Réel, le monde invisible. Nous devenons littéralement des êtres spirituels.

Au niveau personnel, cela se manifeste par la conscience aiguë et certaine d'être constitué de deux natures, une nature humaine et une nature divine, notre part essentielle, ce que la tradition appelle le « Soi » et que j'appelle notre souveraineté d'être, notre individualité, par opposition à notre personnalité, notre ego.

En pratique, cette conscience spirituelle nous

permet de nous désidentifier, de prendre pour le moins des distances avec notre réactivité émotionnelle et intellectuelle. Un garant de plus de légèreté dans nos vies et de meilleurs «états d'esprit». A plus long terme, plus de «présence d'esprit».

La bonne santé de notre esprit est le prérequis de notre compétence à être.

> *Élever son taux vibratoire : une responsabilité spirituelle pour se libérer des illusions existentielles et rester un humain en contact avec son être.*

LE CORPS AMOUREUX
LE CORPS AFFECTIF

Sur le plan énergétique, si on suit la tradition, on peut dire que notre énergie amoureuse est la résultante énergétique des trois corps inférieurs (physique, émotionnel et intellectuel) et des trois corps supérieurs (raison, âme et esprit). En ce sens, la compétence relationnelle est effectivement un test de réalité essentiel du travail que nous accomplissons sur tous les autres plans.

Le renouveau auquel je vous invite demande une vigilance et une pratique quotidienne pour condenser notre énergie-cœur en « briques » énergétiques solides. C'est ainsi que de brique en brique nous construisons notre corps amoureux, un contenant pour nos sentiments. Contenus dans un corps, nos sentiments, au lieu de s'étaler en mare affective, pourront couler comme un torrent d'amour !

Sans ce corps, notre énergie-cœur se disperse vite comme un parfum sans flacon. Pire, elle est entraînée de manière quasi automatique dans le tourbillon de nos agitations mentales, de nos tempêtes émotionnelles, ou bloquées par nos réactions physiques, crispations, tensions et plexus solaire noué. Si nous arrivons à lui donner corps, notre énergie-cœur gardera sa pureté affectueuse. Nos sentiments prendront alors une puissance tangible qui augmentera naturellement l'intensité de nos échanges affectifs, laissant libre cours à nos plus doux sentiments. Notre cœur deviendra plus apte à nous rendre affectivement autonomes. Notre ressenti sera plus fiable !

Pour participer en conscience à la construction de ce nouveau corps dans l'humanité, voire l'accélerer, il faut, pour commencer, être décidé à libérer notre énergie amoureuse personnelle encore emprisonnée dans notre cœur blindé par ses blessures d'amour.

Il faut aussi s'engager dans un développement relationnel qui passe par l'éveil et l'élargissement de la conscience d'altérité. Sans oublier de mettre en place des pratiques méditatoires pour accroître notre sensibilité perceptive ce qui permettra à nos ressentis d'affleurer plus aisément à notre conscience. C'est tout l'enjeu de la Voie de l'Amoureux.

Au passage, il faut bien différencier l'énergie-cœur faite de sentiments affectueux, de l'énergie-émotion du plan astral faite de réactivité émotionnelle. Cela revient à différencier les émotions souffrantes des émotions de la joie.

Spinoza[3] avait déjà clairement établi cette différence entre les affects tristes et les affects positifs. L'affect triste renforce le plan astral en « diminuant notre puissance d'agir » car nous sommes alors submergés par la souffrance. Avec l'énergie-cœur,

---

3. Baruch Spinoza, Éthique

le choix est libre. C'est à nous de nourrir « l'envie d'avoir envie » qui soutient énergétiquement notre désir et notre éros, l'énergie amoureuse.

Renoncer aux valeurs tristes est le prérequis de notre compétence à aimer et être aimé.

D'un point de vue philosophique et politique, reconnaître aux amoureux, c'est-à dire aux gens de cœur, un statut à part entière est le nouveau paradigme nécessaire pour accélérer l'évolution de l'humanité.

LES DIFFÉRENTS MOUVEMENTS DE L'ÉNERGIE

LE MOUVEMENT VERTICAL
DE L'ÉNERGIE

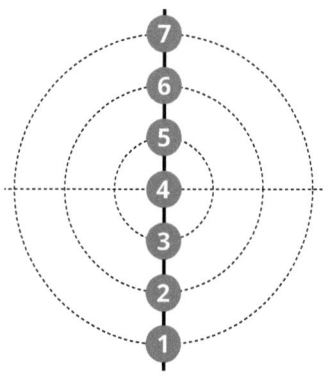

Les premiers liens se font sur un axe vertical où, comme dans un arc-en-ciel, l'énergie d'un corps se mêle en mille nuances avec le corps suivant. Ainsi l'énergie de notre corps physique (1) est plus immédiatement affectée par notre corps émotionnel (2). Vu la distance entre notre intellect (3) et notre esprit (7), on comprend facilement qu'un bon état d'âme (6) nous fait plus vite changer d'état d'esprit (7) que nos prises de tête. En revanche, un bon raisonnement (5) fera céder notre intellect (3) plus vite que l'agacement et l'énervement ou tout autre tourbillon émotionnel (2).

LE MOUVEMENT CIRCULAIRE
DE L'ÉNERGIE

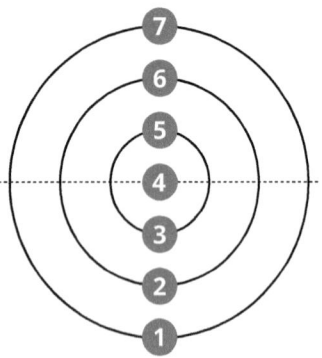

Les liens se font aussi dans un mouvement circulaire, comme on peut le voir sur beaucoup de schémas traditionnels. Ainsi le corps atmique, l'esprit, est énergétiquement en correspondance et résonance avec le corps physique (7/1 - esprit/ matière), le corps bouddhique, les émotions d'âme sont en correspondance et en résonance avec les émotions du corps astral (6/2 – âme/émotions) et le corps causal est en correspondance et résonance naturelle avec le corps mental (5/3 - intelligence/intellect).

LE MOUVEMENT EN LEMNISCATE
DE L'ÉNERGIE

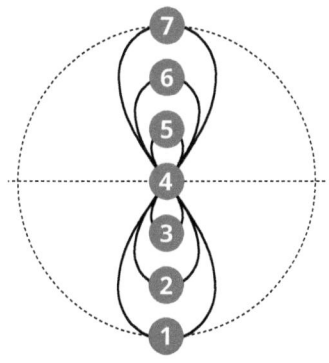

Dans ma nouvelle géographie des corps, renouvelée par la construction consciente du corps amoureux (4), l'écologie énergétique des corps centrés sur l'énergie amoureuse permet à l'énergie de circuler dans un nouveau mouvement qui passe de la circularité à un mouvement courbe qui prend la forme d'un huit, mouvement dit en lemniscate, dont l'énergie-cœur est le centre. Ce mouvement se nourrit d'affect positif et de conscience d'altérité.

Dans ce mouvement en huit, le passage par

l'énergie-cœur détend le corps physique, pondère et allège le corps astral, humidifie le corps mental, inspire le corps causal, humanise le corps bouddhique et réchauffe le corps spirituel. Concrètement, on peut donc évaluer la libération de notre énergie-cœur à combien nous devenons chaleureux, humanistes, inspirés, humides, légers et détendus. Sans compter le plaisir érotique qui s'installe dans nos relations sexuelles.

LES CORRESPONDANCES ÉNERGÉTIQUES

LA CORRESPONDANCE
ESPRIT / MATIÈRE

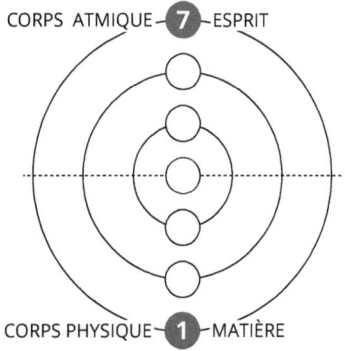

Notre corps physique possède cinq sens : la vision, l'ouïe, le goût, l'odorat et le toucher. Chacun de ces sens est en résonance avec un pouvoir spirituel et une sensibilité particulière. En travaillant à développer nos sens physiques, nous ouvrons donc le champ de notre sensibilité perceptive jusqu'au

déploiement des pouvoirs spirituels qui leur corres-
pondent.

La vision physique correspond spirituellement
au « troisième œil ». Son énergie subtile libère le
pouvoir de clairvoyance, la capacité de percevoir et
de contempler « ce qui est invisible pour les yeux ».
En chemin, elle nous donne une hauteur de vue,
pour le moins un point de vue qui permet de mieux
voir les choses comme elles sont et de poser un re-
gard neuf tous les jours sur le monde.

L'ouïe physique correspond à la « troisième
oreille » spirituelle. Son énergie subtile libère le
pouvoir de clairaudience, la capacité d'entendre
la musique des sphères, pour le moins de capter
les messages véhiculés par le « son » du silence,
d'établir une communication avec ce qu'on appelle
sa petite voix[4] intérieure. En chemin, une bonne
oreille nous dispose à une écoute attentive qui permet d'entendre les mots derrière les mots, de repé-
rer les fausses notes, de discerner le lieu d'où parle
l'autre.

Le goût physique correspond à la sagesse sur le
plan spirituel. Sagesse, du latin *sapere*, le pouvoir
de goûter au sens de comprendre – prendre à l'intérieur – les mystères de l'univers comme ceux de la
nature humaine sous tous ses aspects. De devenir en
chemin un chercheur de sens qui déguste, mastique

---

4. Eileen Caddy, *La petite voix*, éd. Souffle d'Or

et savoure avec délectation l'étude et autres outils propres à la connaissance.

L'odorat physique correspond au pouvoir spirituel de l'intuition qui unit le discernement au ressenti. En chemin on développe la compassion – com signifiant avec et passion signifiant souffrance – la capacité de sentir la souffrance de l'autre, pour le moins de sentir ce qui se passe pour lui. Un bon nez ouvre aussi au souffle de l'esprit, à « l'odeur » de sainteté.

Le toucher physique correspond au pouvoir de l'ubiquité, la compétence d'être à plusieurs endroits en même temps, dans son lit et dans le rêve ou la vision de quelqu'un. En chemin, cette énergie subtile augmente notre sensibilité tactile et développe le magnétisme : des mains vivifiantes ou guérisseuses.

Le développement de nos sens, et donc de nos pouvoirs spirituels, est proportionnel à l'élargissement de notre conscience corporelle via un travail de purification de nos sens physiques par des pratiques méditatoires.

> *Prenez soin de votre corps physique, faites du sport et méditez autant que vous pouvez :*
> *vous augmenterez votre vitalité et votre force physique en même temps que la puissance de votre esprit.*

LORSQUE LE CŒUR S'Y MET...

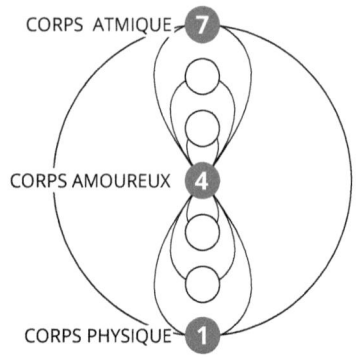

Notre regard sur les autres change

> *On ne voit bien qu'avec le cœur,*
> *l'essentiel est invisible pour les yeux.*
> SAINT-EXUPÉRY

Un amoureux a la capacité de voir la beauté, le divin, le Soi ou la souveraineté d'être des gens qu'il aime au-delà de leurs traits physiques et de leurs traits de caractère ! Il arrive pour le moins à les voir comme « autre » au lieu de toujours les ramener au « même » ou de les prendre pour acquis. Et c'est déjà beaucoup ! Sinon, les autres deviennent vite objets de nos projections sur eux.

On s'entend mieux avec moins de mots

> *À bon entendeur, il ne faut qu'une*
> *parole.*
>
> PLAUTE

Un amoureux se positionne pour se faire entendre et non pour prendre du pouvoir sur l'autre. Il favorise pour cela la clarté, la précision et l'humour. Il évite de manipuler la communication en faisant comme si de rien n'était, en parlant d'autre chose. Il préfère le conflit aux malentendus. Bien s'entendre commence par un engagement profond au dialogue, de cœur à cœur autant que possible.

On a le goût des autres

> *Il faut un goût bien délicat pour être*
> *vraiment bienfaisant.*
>
> MALESHERBES

L'amoureux goûte l'autre en devenir : « je suis conscient que tu n'es pas le même qu'hier ». Qui es-tu devenu aujourd'hui ? Garder à cœur cette question change profondément les relations ! En cultivant son goût des autres et du coup une sensibilité délicate aux goûts de l'autre, l'amoureux évite les fautes de goût car l'intelligence du cœur ajoute l'amour au savoir : il devient un sage goûteux !

On sent mieux

> *Le vouloir ne se meut que sous la condition d'être ému.*
>
> PAUL RICŒUR

Quelqu'un qui ne sent rien est insensible à l'autre et au monde. Avec ses canaux bouchés, il vit dans sa bulle, sans altérité, et perd forcément de son humanité. Sentir ce qui émane de quelqu'un permet de se mettre à bonne distance de lui, une distance sans mépris ni jugement qui «n'élimine» ni «n'envahit» l'autre. Se sentir à sa place tout en se sentant bien avec l'autre : c'est tout l'art de la bonne distance, la compétence de rester sensible sans être vexable ou humiliable pour commencer, voire sensible et absolument non blessable à plus long terme.

On est touchable

> *Je ne comprends pas qu'un être normalement doué de sensibilité ne pleure pas pendant les informations.*
>
> DANIEL PENNAC

Touchable, c'est-à-dire la capacité d'être touché à tous les sens du terme, sentir vibrer nos sensations à fleur de peau, mais aussi accueillir le contact dans le plan physique, au lieu de se contracter et de se fermer comme les huîtres lorsqu'on nous approche. Notre sensibilité kinesthésique augmente à la mesure de notre compétence à être touché. L'émotion tactile est le moteur de l'approchement, la source à laquelle s'abreuvent nos contacts. Frans Veldman, le fondateur de l'haptonomie – la science du contact[5] – l'avait bien compris : libérer nos sensations des réflexes de fuite, de survie et/ou de paralysie développe ce qu'il a appelé le « corps de contact ». Les neuro-sciences confirment : l'ocytocine, hormone du plaisir relationnel, est augmentée par les contacts physiques.

En résumé : lorsque les correspondances énergétiques entre le corps physique (1) et le corps spirituel (7) passent par le cœur, nos pratiques corporelles enrichissent d'énergie-cœur notre libido, nos méditations respirent la paix, ce qui détend les gens autour de nous, et notre spiritualité s'incarne dans nos relations.

Ça change la vie, non ?

---

5. Frans Veldman, Haptonomie Science de l'Affectivité, éd. PUF

LA CORRESPONDANCE
ÉMOTION / ÂME

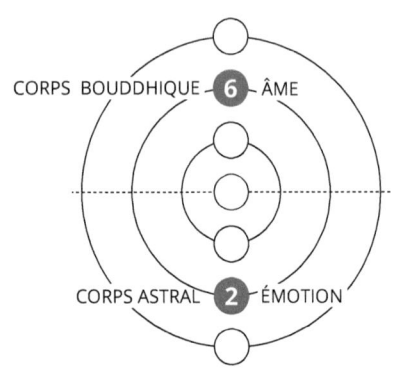

Notre corps émotionnel est ouvert aux émotions humaines autant qu'aux émotions mystiques de notre âme. Si les émotions humaines excitent notre système organique, la gamme poétique des émotions mystiques nous met dans des états d'âme délicieux.

Dans les spiritualités traditionnelles la pratique du détachement ou de la divine indifférence était fortement conseillée pour se libérer des émotions. Aujourd'hui, il me semble d'actualité de laisser à son corps émotionnel le droit de vivre sur le divan ou autres espaces thérapeutiques ce qu'il a à vivre pour le pire – le nettoyage des émotions négatives de notre ego, de notre personnalité, la traversée de notre réactivité émotionnelle – afin de dégager le chemin et permettre au meilleur de se vivre, le plaisir des émotions d'âme qui émanent de notre corps bouddhique.

> *Lâchez vos émotions, vos peurs, mais pleurez, criez, dans l'intention d'éliminer vos énergies négatives pour accéder plus vite au champ émotionnel du sublime et de l'infini du plaisir.*

LORSQUE LE CŒUR S'Y MET...

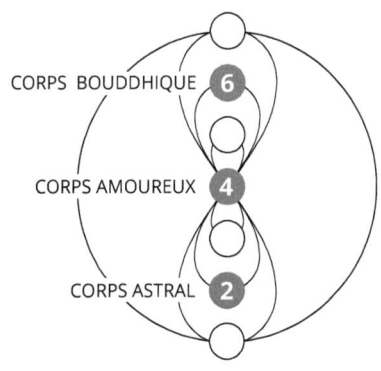

Les relations sont plus légères

> *Ceux qui font tout pour éviter qu'on les aime sont toujours les premiers à s'en plaindre.*
>
> GRÉGOIRE LACROIX

Choisir de déverser plaintes et lamentations

chez les thérapeutes permet à l'amoureux de ne pas laisser son enfant blessé encombrer ses proches et d'éviter que ses relations amoureuses soient polluées par son passé. Imaginez les gens autour de vous quand vous allez bien, que vous êtes pour le moins positifs. Imaginez les gens autour de vous lorsque vous laissez libre cours à votre sensibilité poétique. Imaginez combien vous êtes aimable lorsque vous vous aimez à hauteur de votre beauté d'âme.

Ça change la vie, non ?

LA CORRESPONDANCE
INTELLECT / RAISON

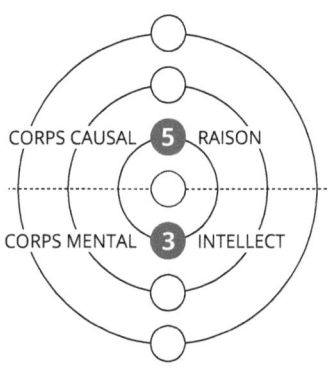

Notre intellect est en résonance avec une substance mentale plus subtile qu'on peut associer à ce que Kant appelait « la raison pure » ou avec le « monde des idées » de Platon, en tous les cas avec l'univers de la philosophie, l'amour de la sagesse.

Plus on étudie, plus on se libère de systèmes de croyances héritées, plus on devient porteur d'une philosophie de vie par rapport à laquelle l'amoureux peut harmoniser ses valeurs, sans pour autant céder à l'illusion de vérité. Fort d'une philosophie de vie nourrie par la pensée paradoxale qui prend en compte le contraire de toute chose et le doute intellectuel, l'amoureux est moins à même de se laisser piéger par le besoin d'avoir raison, le moteur des philosophies totalitaires et sectaires.

LORSQUE LE CŒUR S'Y MET...

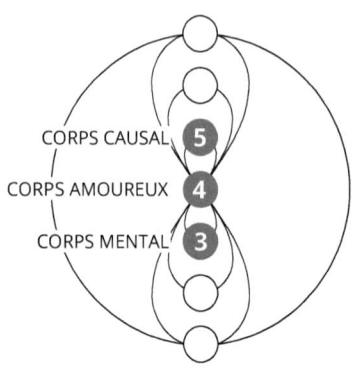

CORPS CAUSAL **5**
CORPS AMOUREUX **4**
CORPS MENTAL **3**

Le combat cesse faute de combattants

> *Qui se ressemble, s'assemble. Le*
> *loup connaît le loup, le voleur le vo-*
> *leur.*
>
> ARISTOTE

Notre éthique engendre une sélection sociale naturelle : on attire des gens qui marchent dans la même direction que nous, qui ont, pour le moins, des valeurs proches. On s'éloigne naturellement des gens qui sont avec nous dans un rapport de force engendré par la rivalité.

Imaginez que vous n'essayez plus d'avoir raison avec vos proches et en particulier avec votre amoureux. Imaginez comment les autres vous écoutent lorsque vous ne parlez pas au nom de la vérité, mais d'une hypothèse. Imaginez l'impact de vos idées lorsque vous avez l'humilité de reconnaître que vous êtes un maillon dans une lignée de pensée.

Ça change la vie, non ?

En résumé : lorsque le cœur s'y met, tous nos corps changent pour le meilleur.

EN CONCLUSION PROVISOIRE

Ce qui est sûr pour moi, c'est qu'en ajoutant le corps amoureux aux six corps traditionnels, on construit et on offre un corps à notre énergie-cœur, un corps qui va engendrer dans l'avenir d'autres corps, comme le corps quantique, le corps de rencontre et d'autres que je ne peux même pas encore imaginer. Ce faisant on vit une géographie des corps en phase avec l'urgence actuelle de solidarité et de fraternité humaine sans lesquelles nous allons dans le mur.

C'est sur la compétence relationnelle que se joue l'avenir de notre humanité.

> *L'altérité – anagramme de réalité – et l'ouverture du cœur sont nos prochains pas civilisateurs.*

Le XXIe siècle sera amoureux, ou ne sera pas !

TABLE DES MATIÈRES

Arouna Lipschitz est philosophe de la relation et chercheuse en spiritualité. Elle a exploré de nombreuses voies de sagesse. En chemin, elle a découvert les limites d'une voie spirituelle ou d'une quête intérieure qui gommerait l'autre au nom de Dieu. Elle témoigne de son parcours dans sa trilogie autobiographique.

L'Amour ne garantit pas la compétence relationnelle et la relation sans Amour tourne vite au rapport de force. C'est forte de cette intime conviction qu'elle élabore et enseigne *La Voie de l'Amoureux* depuis de nombreuses années : une démarche holistique qui ajoute le développement relationnel© au développement personnel et spirituel.

Un enseignement et une pratique qui s'adressent à toutes celles et ceux qui ont à cœur de vivre l'amour dans leurs relations.

Femme moderne aux multiples casquettes, Arouna Lipschitz est également productrice et réalisatrice.

Site internet : arouna.com
Son école en ligne : lavoiedelamoureux.com

Du même auteur

- Dis-moi si je m'approche, éd. Souffle d'Or – J'ai lu
- L'Un n'empêche pas l'autre, éd. Souffle d'Or – J'ai lu
- La Voie de l'Amoureux, éd. Robert Laffont – Pocket

Aux éditions Dervy :
- 52 clés pour vivre l'amour
- 52 cartes pour vivre l'amour : un jeu initiatique pour mieux aimer

Participations à des ouvrages collectifs

- Commentaires inédits *dans* Les lettres sacrées de l'alphabet hébraïque, Frank Lalou – éd. Trédaniel, 2015.
- L'identité dans tous ses états *dans* Identité, altérité, réciprocité – Tome 2 – éd. Point d'Appui, 2015.
- L'altérité dans tous ses états *dans* Identité, altérité et réciprocité – Tome 1 – éd. lbuntu, 2013.
- La relation du masculin-féminin *dans* Artisans du devenir – Pearson Education France, 2011.
- Il les créa Mâle et Femelle *dans* Femme et Judaïsme aujourd'hui – éd. In press, 2008.
- Le verbe au féminin, une lecture kabbaliste du Cantiques des Cantiques *dans* Quand les femmes lisent la Bible – éd. In press, 2007.
- Quand tu ne sais plus où aller, souviens-toi d'où tu viens *dans* 52 méditations pour vivre, Luc Templier – éd. Dervy, 2006.
- Aimer, c'est veiller sur la solitude de l'autre sans prétendre la combler *dans* 52 méditations pour vivre, Luc Templier – éd. Dervy, 2006.
- La Voie de l'Amoureux *dans* Enquête au coeur de l'être – éd. Albin Michel, 2004.

ISBN : 978-2-491621-01-8

Première édition : Février 2016